pensieri sulla saggezza

Redazione e impaginazione: Studio Newt.

Illustrazioni: © Shutterstock/Anna Poguliaeva.

www.giunti.it

via Bolognese 165 - 50139 Firenze - Italia
piazza Virgilio 4 - 20123 Milano - Italia

Prima edizione: luglio 2005
Nuova edizione: giugno 2016

FSC
www.fsc.org
MISTO
Carta da fonti gestite in maniera responsabile
FSC® C021883

Stampato presso Grafica Veneta SpA,
stabilimento di Trebaseleghe.

pensieri
sulla saggezza

GIUNTI DEMETRA

Non si dice nulla
che non sia già stato detto.

Terenzio

È attraverso le sofferenze
che si conquistano
la saggezza e la conoscenza.

Eschilo

I saggi sono pietosi
anche verso chi è privo di qualità;
la luna non toglie la sua luce
dalle case dei fuori casta.

Hitopadesa

Mescola alla saggezza
un po' di follia;
è dolce folleggiare
a tempo e luogo!

Orazio

All'uomo saggio
sono più utili i suoi nemici
di quanto allo sciocco siano utili
i suoi amici.

Baltasar Gracián y Morales

Si pensa sempre di dover invecchiare
per diventare saggi;
invece, con il passare degli anni,
si ha il nostro da fare
per mantenersi saggi,
così come lo si è stati prima.

Johann-Peter Eckermann

La natura umana
partecipa della sciocchezza
più che della saggezza.

Francesco Bacone

Si può essere un uomo saggio e pensare
alla bellezza delle proprie unghie.

Aleksandr Sergeevič Puškin

Sii sempre consapevole
di ciò che fai.

Massima zen

Un asino resta sempre un asino,
anche se lo ricopri d'oro.

Gavriil Romanovič Derzavin

C'è un tempo per pescare
e un tempo
per asciugare le reti.

Proverbio cinese

Ricorda di mettere al primo posto
ciò che è di pubblica utilità,
al secondo posto il bene dei tuoi cari,
e soltanto al terzo posto
il tuo bene personale.

Lucilio

In nessuna cosa devi aver fretta,
perché la fretta rovina le cose.
Uno sciocco, solo per la fretta,
ridusse un pavone a una cornacchia.

Subhashitarnava

Il saggio vivrà entro i limiti
del proprio spirito
e del proprio reddito.

Philip Dormer Stanhope Chesterfield

Re: «Qual è la più gran pazzia dell'uomo?»
Bertoldo: «Il reputarsi savio».

Giulio Cesare Croce

Chi torna da un viaggio
non è mai la stessa persona
che è partita.

Proverbio cinese

L'uomo saggio non potrà mai essere
completamente infelice.

Giacomo Casanova

Fra tutti gli animali,
l'uomo è il più intelligente
perché possiede l'uso delle mani.

Anassagora

Si racconta che il dolore
ci renda saggi.

Alfred Tennyson

Un uomo che non perde
la ragione per certe cose,
non ha una ragione da perdere.

Gotthold Ephraim Lessing

Il fine ultimo della vita
è la tranquillità dell'animo,
che non è la stessa cosa del piacere,
come, sbagliando, crede qualcuno.
È invece quello stato
in cui l'animo è in equilibrio,
non è turbato da nessuna paura,
né dal superstizioso timore degli dèi
né da qualsiasi altra passione.

Diogene Laerzio

Non permettere alla lingua
di oltrepassare il pensiero.

Anton Pavlovič Čechov

L'uomo saggio rifiuta l'eccesso,
rifiuta la prodigalità,
rifiuta la grandezza.

Lao Tse

Gli animali sono molto più saggi
degli esseri umani:
essi infatti conoscono la misura
dei propri bisogni,
mentre gli uomini la ignorano.

Democrito

Allah dà la saggezza a chi vuole.
E chi riceve la saggezza,
ha ricevuto un bene enorme.

Corano

Il dovere di un padre
è far sì che il figlio si abitui
ad agire secondo onestà,
e che lo faccia per sua scelta,
non perché spinto dalla paura.
È proprio in questo che un padre
è diverso da un padrone.
Chi non è in grado di farlo
deve ammettere
di non essere in grado
di istruire i propri figli.

Terenzio

Meglio essere folle
per proprio conto
che saggio
con le opinioni altrui.

Friedrich Wilhelm Nietzsche

Altri in amar lo [il senno] perde,
altri in onori, altri in cercar,
scorrendo il mar, ricchezze;
altri ne le speranze de' signori,
altri dietro alle magiche sciocchezze;
altri in gemme, altri in opre di pittori,
et altri in altro che più d'altro apprezze.

Ludovico Ariosto

Ne uccide più la lingua
che la spada.

Siracide

La carrozza del passato
non porta lontano.

Maksim Gorkij

Chi vede un gigante,
esamini prima la posizione del sole
e faccia attenzione
a che non sia l'ombra
di un pigmeo.

Novalis

La difficoltà non sta
nelle idee nuove,
ma nell'emancipazione
da quelle vecchie.

John Maynard Keynes

Qualsiasi cosa tu insegni,
sii breve.

Orazio

Virtù è saper dare il giusto valore
alle cose che abbiamo intorno,
in mezzo alle quali trascorriamo la vita;
è sapere ciò che ciascuna cosa di per sé
significa; è conoscere il giusto,
che cosa è utile, cosa onesto,
quali siano i beni, quali i mali,
cosa è inutile, vergognoso,
contrario all'onestà;
virtù è conoscere il limite e la misura
da assegnare alla ricerca
dei propri vantaggi.

Lucilio

Il tanto diventa poco
se si desidera ancora
un po' di più.

Francisco Gomez de Quevedo y Villegas

Nelle grandi cose
gli uomini si mostrano
come conviene loro mostrarsi;
nelle piccole,
si mostrano come sono.

Nicholas de Chamfort

È impossibile vivere piacevolmente
se non si vive saggiamente,
bene e con giustizia;
ed è impossibile vivere saggiamente,
bene e con giustizia se non si vive
piacevolmente.

Epicuro

Nulla è tanto difficile che,
a forza di cercare,
non se ne possa venire a capo.

Terenzio

Un uomo saggio
non ha una vasta cultura;
chi ha una vasta cultura
non è un saggio.

Lao Tse

Chi sa ascoltare non soltanto
è simpatico a tutti,
ma dopo un po' finisce
con l'imparare qualcosa.

Wilson Mizner

La mia cultura era necessaria
perché io salissi tanto in alto
da avere da dove poter cadere.

Clarice Lispector

Avere una cattiva opinione
degli uomini
senza voler far loro del male
è forse la forma più alta
di saggezza e di virtù.

William Hazlitt

Visitare terre lontane
e conversare con genti diverse
rende saggi gli uomini.

Miguel de Cervantes

Vale la pena soltanto di fissare
lo sguardo più attentamente nel presente,
il futuro sopraggiungerà
all'improvviso da solo.
È sciocco chi pensa al futuro
prima che al presente.

Nicolaj Vasilievič Gogol'

Sappi riconoscere
il momento opportuno.

Johann Christoph Friedrich von Schiller

Pensa da uomo saggio
ma comunica
nel linguaggio del popolo.

William Butler Yeats

La saggezza esce
da un formicaio.

Proverbio africano

La nostra vita si consuma
nella cura di particolari…
Semplificare, semplificare.

Henry David Thoreau

La saggezza umana insegna già molto,
se insegna a tacere.

Jacques-Benigne Bossuet

La goccia scava la pietra.

Lucrezio

Tutti si comportano in modo tale
che la vita scorra in fretta,
sono attanagliati dal desiderio del domani
e soffrono perché il presente li annoia.
Ma chi impiega ogni sua ora
in ciò che è utile,
che considera ogni giorno
come si trattasse della sua intera vita,
non desidera il domani
e non lo teme.

Seneca

Catone aveva il gusto della modestia,
del decoro e soprattutto
della severità di costumi:
non gareggiava con il ricco in ricchezza,
né in faziosità con il fazioso,
ma in valore con il valoroso,
in riservatezza con il modesto,
in disinteresse con l'onesto;
piuttosto che sembrare giusto,
preferiva esserlo e, in tal modo,
quanto meno egli cercava la gloria,
tanto più questa lo seguiva.

Sallustio

Credimi,
non è cosa da saggi,
dire: «Vivrò».
Troppo tarda
è la vita che verrà:
vivi oggi.

Marziale

Quelli che vogliono apparire
saggi tra gli sciocchi,
appaiono sciocchi tra i saggi.

Quintiliano

Chi esegue tardi
anche una sola cosa,
finirà tardi tutta l'opera.

Catone

Uno dei grandi privilegi della saggezza
è quello di non scomporsi mai.

Baltasar Gracián y Morales

L'unica persona che sia più saggia
di uno qualsiasi è la massa.

Napoleone

Se tu potessi salire fino al cielo
e contemplare il mondo
e la bellezza degli astri,
questa vista non ti darebbe gioia
se tu non potessi condividerla
con qualcuno; ma, se tu avessi qualcuno
a cui raccontarla, questa vista
ti apparirebbe bellissima.
La natura non ama mai la solitudine,
e cerca sempre un sostegno
cui appoggiarsi:
e questo è tanto più dolce,
quanto più caro è l'amico.

Cicerone

Se, come uomo, vivi
nei limiti della legge di natura,
che cosa importa se il tuo campo
è grande o piccolo?

Orazio

Il vero sciocco, colui che gli dèi
deridono e distruggono,
è colui che non conosce se stesso.

Oscar Wilde

La grande saggezza è generosa;
la piccola saggezza è litigiosa.

Chuang Tzu

Sii più saggio degli altri, se puoi,
ma non glielo dire.

Philip Dormer Stanhope Chesterfield

Un legno torto
non sarà mai dritto.

Galeno

L'aquila non può levarsi in volo
stando sul terreno;
deve saltellare faticosamente
su una roccia o su un tronco d'albero:
ma da lì si lancia
verso le stelle stelle.

Hugo von Hofmannsthal

L'unica saggezza
che possiamo sperar di acquistare
è la saggezza dell'umiltà.

Thomas Stearns Eliot

Il saggio indica la luna,
lo sciocco guarda il dito.

Proverbio cinese

Tieni le mani aperte,
tutta la sabbia del deserto
passerà nelle tue mani.
Chiudi le mani,
non otterrai
che qualche granello di sabbia.

Dogen

Quello che si trova nell'effetto
era già nella causa.

Henri Bergson

Ricerca nella tua visione.
Ripensa alla mente che pensa.
Chi è?

Wu Men

Chi si accontenta di essere contento,
è sempre contento.

Massima zen

La prosperità mette alla prova
persino l'animo dei saggi.

Sallustio

Non essere il primo
a tentare il nuovo,
ma neanche l'ultimo
a mettere da parte il vecchio.

Alexander Pope

La sapienza
è figliola della sperienza.

Leonardo da Vinci

Studiando la storia potrai trovare
un'infinità di esempi,
e trarre da essi ispirazione
per il tuo bene e per quello del tuo paese.
E potrai capire che cosa bisogna evitare,
e riconoscere perché alcune azioni
siano vergognose, e lo siano anche
le loro conseguenze.

Tito Livio

La nostra vita è lo strumento
mediante il quale
compiamo esperimenti
con la verità.

Thich Nhat Hanh

Se non puoi fare niente,
che cosa puoi fare?

Koan zen

L’esser contenti
è una ricchezza naturale.
Il lusso una povertà artificiale.

Socrate

Vedere un mondo
in un granellino di sabbia
e in un fiore di campo
vedere il cielo,
tenere l'infinito
nel cavo della mano
e l'eternità in un'ora di vita.

William Blake

Siamo tutti fatti di debolezza e di errori;
perdoniamoci reciprocamente
le nostre sciocchezze:
è la prima legge di natura.

Voltaire

Parere e non essere
è come filare senza tessere.

Proverbio popolare

Eravamo invasati dalla paura
di non aver tempo per tutto,
e non sapevamo che aver tempo
significa precisamente
non aver tempo per tutto.

Robert Musil

I giovani non soffrono
tanto dei propri errori
quanto della saggezza degli adulti.

Luc de Clapiers de Vauvenargues

Il primo passo verso la follia
è credersi saggio.

Fernando de Rojas

Se disegni male una tigre,
questa assomiglierà a un cane.

Proverbio cinese

Abitando con lo zoppo
impareresti a zoppicare.

Virgilio

Ho sempre constatato
che per riuscire nel mondo
bisogna aver l'aria folle
ed esser saggi.

Charles-Louis de Secondat de Montesquieu

Quando l'allievo è pronto,
il Maestro si fa vedere.

Proverbio buddista

Conoscere gli altri è saggezza.
Conoscere se stessi
è saggezza superiore.

Lao Tse

Un uomo saggio
non cerca di far fretta
alla storia.

Adlai Ewing Stevenson

L'uomo si crede savio
quando la sua pazzia sonnecchia.

Denis Diderot

Crediamo volentieri
a ciò a cui vogliamo credere.

Massima latina

L'uccellino saggio si sceglie con cura
il ramo su cui costruisce
il proprio nido…
un buon capofamiglia
sceglierà con cura i propri vicini.

Proverbio cinese

Il più saggio
di tutti i consiglieri
è il tempo.

Pericle

Non bisogna sciupare quello che si ha
con il desiderio delle cose che mancano,
ma riflettere sul fatto che anche ciò
che si ha era prima oggetto di desiderio.

Epicuro

Perché osservare la pagliuzza
nell'occhio del tuo fratello,
mentre non ti accorgi
della trave che hai nel tuo occhio?

Vangelo di Matteo

Soltanto il saggio trae dalla vita
e da ogni età
tutto il suo sapore,
perché ne sente la bellezza,
la dignità e il prezzo.

Henri-Frédéric Amiel

Fai presto a diventar saggio;
uno sciocco di quarant'anni
è sciocco davvero.

Edward Young

Beato l'uomo
che non si aspetta nulla dalla vita,
perché non resterà mai deluso.

Alexander Pope

Troppi cuochi rovinano il brodo.

Proverbio cinese

Sii padrone della mente anziché essere
padroneggiato dalla mente.

Massima zen

Lo stupido è uno sciocco che non parla,
e in questo è più sopportabile
dello sciocco che parla.

Giacomo Casanova

Non è necessario che tu esca di casa.
Rimani al tuo tavolo e ascolta.
Non ascoltare neppure, aspetta soltanto.
Non aspettare neppure,
resta in perfetto silenzio e solitudine.
Il mondo ti si offrirà per essere smascherato,
non ne può fare a meno,
estasiato si torcerà davanti a te.

Franz Kafka

Un monaco chiese al maestro:
«Cosa è la Via?».
Il maestro rispose: «Un uomo che cade
nel pozzo a occhi aperti».

Massima zen

L'arte di esser saggi è l'arte di capire
a che cosa si può passar sopra.

William James

Io preferisco pensare bene della gente,
perché così mi risparmio un sacco
di preoccupazioni.

Rudyard Kipling

L'ironia è la gaiezza della riflessione
e la gioia della saggezza.

Anatole France

Colui che conosce il proprio obiettivo,
si sente forte:
questa forza lo rende sereno;
questa serenità assicura la pace interiore;
solo la pace interiore
consente la riflessione profonda;
la riflessione profonda
è il punto di partenza
di ogni successo.

Lao Tse

In una sciocchezza c'è assai più vitalità
e più salute che nei nostri sforzi
per giungere a una vita di meditazione.

Anton Pavlovič Čechov

Niente è più visibile
di quello che è nascosto.

Confucio

Se c'è rimedio perché te la prendi?
E se non c'è rimedio perché te la prendi?

Massima orientale

La saggezza
è un punto di vista sulle cose.

Marcel Proust

«Gli estremi si toccano»,
come disse il nasello
quando gli misero
la coda in bocca.

Thomas Hood

Nessuno è così soggetto a errare
come colui che agisce
sempre solo per riflessione.

Luc de Clapiers de Vauvenargues

Colui che con la propria virtù
supera il talento è un saggio,
chi con i propri talenti supera la virtù
è un uomo mediocre.

Proverbio cinese

Quand'anche potessimo essere sapienti
del sapere altrui, non possiamo essere saggi
se non della nostra propria saggezza.

Michel de Montaigne

Tutto è stato detto
e veniamo troppo tardi,
dopo che da oltre settemila anni
ci sono uomini che pensano.

Jean de La Bruyère

Nella cura delle anime,
occorrono una tazza di scienza,
un barile di prudenza
e un oceano di pazienza.

Francesco Guicciardini

La più sottile follia è fatta
della più sottile saggezza.

Michel de Montaigne

Hai visto un uomo che si crede savio?
C'è più da sperare da uno stolto che da lui.

Proverbio cinese

Non facciamo bene niente finché
non smettiamo di pensare al modo di farlo.

William Hazlitt

La vera e solida saggezza consiste
quasi interamente in due cose:
conoscenza di Dio
e conoscenza di noi stessi.

Giovanni Calvino

Non concepisco saggezza senza diffidenza.
La Scrittura ha detto che il principio
della saggezza è stato il timore di Dio;
io credo che sia il timore degli uomini.

Nicholas de Chamfort

Il macellaio maldestro
se la prende con il coltello poco affilato.

Proverbio cinese

Prima di fare un favore a qualcuno,
assicuratevi che non sia un imbecille.

Eugène Labiche

È facile servire il saggio,
ma è difficile accontentarlo.

Confucio

Innanzitutto di' a te stesso
chi vuoi essere;
poi fa' ogni cosa di conseguenza.

Epitteto

Il tempo per trarre
una lezione dalla storia
è sempre a portata di mano
per coloro che sono saggi.

Demostene

La certezza del dubbio.
La conoscenza dell'ignoranza.
La saggezza della follia.
La gioventù nella vecchiaia.

Massima zen

Sapere di sapere quel che si sa
e sapere che non si sa quel che non si sa:
ecco la saggezza.

Alphonse Karr

Non ci sono le più false pazzie,
che quelle che talor fanno i savi.

Pietro Aretino

Se lo stolto
persistesse nella sua stoltezza
diventerebbe saggio.

William Blake

Un lungo viaggio di mille miglia
si comincia col muovere un piede.

Lao Tse

Due cose l'esperienza deve insegnare:
la prima, che bisogna correggere molto;
la seconda, che non bisogna correggere troppo.

Eugène Delacroix

Mentre compi la tua scelta nella vita,
non dimenticarti di vivere.

Samuel Johnson

Ciò che dobbiamo imparare a fare,
lo impariamo facendolo.

Aristotele

La saggezza si matura
attraverso le sofferenze.

Eschilo

Se hai perso una cosa preziosa,
cercala dove non ti aspetteresti di trovarla.

Massima zen

Diceva messer Antonio da Venafra,
e diceva bene:
«Mettimi sei o sette savi insieme,
diventano tanti pazzi»;
perché, non si accordando,
mettono le cose più presto
in disputa che in resoluzione.

Francesco Guicciardini

Pensate da uomini saggi,
ma parlate
come la gente comune.

Aristotele

La verità,
più è grande
più è semplice.

Massima zen

Non si può tirar fuori avorio
dalla bocca di un topo.

Proverbio cinese

Il cuore dello stupido
è nella sua bocca,
ma la bocca del saggio
è nel suo cuore.

Benjamin Franklin

Dio mi liberi
dalla saggezza che non piange,
dalla filosofia che non ride,
dall'orgoglio che non si inchina
davanti a un bambino.

Khalil Gibran

Se la vita non deve
essere presa troppo seriamente,
la morte neppure.

Samuel Butler

È saggio colui che sceglie da sé
il proprio destino,
stolto chi segue
l'opinione comune.

Proverbio cinese

Come la rupe massiccia
non si scuote per il vento,
così non vacillano i saggi
né in mezzo a biasimi
né in mezzo a lodi.

Buddha

Nell'acqua troppo limpida
non troverai nessun pesce;
nell'uomo troppo prudente
non troverai nessuna saggezza.

Proverbio cinese

Scava la pozza senza attendere la luna.
Quando la pozza sarà terminata,
la luna arriverà da sola.

Dogen

Tutto è follia in questo mondo,
fuorché il folleggiare.
Tutto è degno di riso,
fuorché il ridersi di tutto.
Tutto è vanità
fuorché le belle illusioni
e le dilettevoli frivolezze.

Giacomo Leopardi

Un saggio non suole rallegrarsi
quando gli capita qualcosa di gradito,
né suole turbarsi
quando gli capita qualcosa di sgradito.

Bhagavadgita

Il maestro prese un grosso frutto maturo
e lo gettò in aria.
Il frutto ricadde e si ruppe sul prato,
spargendo la polpa e i semi tutti intorno.
«Che cosa vedi?», chiese il maestro.
Il primo discepolo disse:
«Il mio pranzo andato sprecato».
Il secondo discepolo disse:
«Dei semi pronti a creare altri frutti».
Il terzo discepolo disse:
«Il prato».
«Tu hai davvero visto»,
disse il maestro.

Massima zen

Il saggio desidera soltanto
l'essenza dei desideri
e non dà valore
agli oggetti preziosi.

Lao Tse

Paragonata a quella dei saggi,
la sapienza di un uomo comune è poca,
ma paragonata a quella di uomini mediocri
è molta.

Proverbio cinese

Nella vita non bisogna essere
troppo curiosi
né dei segreti di Dio
né di quelli della propria moglie.

Geoffery Chaucer

Se un cieco guida un altro cieco,
ambedue cadranno nel fosso.

Vangelo di Matteo

Ascolta le due parti
e vedrai la luce della saggezza;
credi a una sola
e rimarrai immerso
nelle tenebre della stoltezza.

Proverbio cinese

Il granaio è andato a fuoco.
Ora posso ammirare la luna.

Massima zen

Non tutto quello che vacilla cade.

Michel de Montaigne

E vanno gli uomini a contemplare
le cime dei monti, i vasti flutti del mare, le
ampie correnti dei fiumi,
l'immensità dell'oceano,
il corso degli astri
e trascurano sé stessi.

Francesco Petrarca

Quando il melone è maturo
si stacca dalla pianta da solo.

Proverbio cinese

Quando l'ultimo albero sarà stato abbattuto,
l'ultimo fiume avvelenato,
l'ultimo pesce pescato,
l'ultimo animale libero ucciso,
vi accorgerete
che non si può mangiare il denaro.

Orso in piedi

Se dentro di te
abita chi è pronto a rimarcare
ciò che è sbagliato
e a canzonare chi cade in errore,
ospiti un nemico
che rischia di farti schiavo.

Massima zen

Nasciamo una volta sola,
due volte non è possibile che accada
ed è necessario
non essere più per l'eternità.
Tu, pur non essendo padrone del domani,
rimandi il momento di sentirti bene:
nel frattempo la vita passa
e ciascuno di noi muore
senza aver mai smesso di affannarsi.

Epicuro

Tu non devi cercare di far sì
che le cose vadano a modo tuo,
ma devi volere che esse vadano
proprio così come stanno andando;
allora tutto andrà bene.

Epitteto

L'importante è dimenticare,
non è ricordare.

Anonimo

Che io possa avere la forza di cambiare
le cose che posso cambiare,
che io possa avere la pazienza di accettare
le cose che non posso cambiare,
che io possa avere soprattutto l'intelligenza
di saperle distinguere.

Tommaso Moro

Non esitare a risolvere un problema oggi,
perché così facendo puoi evitare
di incontrarne cento domani.

Proverbio cinese

Il folle che si dichiara folle
è più saggio
del saggio che si dichiara saggio.

Massima zen

Insegnando, si impara.

Massima latina

Se c'è un modo di far meglio,
trovalo.

Thomas Alva Edison

Anche il più stupido degli uomini
diventa improvvisamente pronto di spirito
quando si trova nella possibilità
di criticare gli altri;
anche il più saggio perde lucidità
quando si tratta
di criticare se stesso.

Proverbio cinese

Poiché nella grande saggezza
c'è molto dolore,
colui che aumenta la conoscenza
aumenta il dolore.

Ecclesiaste

L'unico modo di rafforzare
il proprio intelletto sta nel non avere
opinioni decise su nulla.

John Keats

Il saggio loda in pubblico
e ammonisce in segreto.

Massima latina

Non c'è nulla di nobile
nell'essere superiore
a un altro uomo.
La vera nobiltà
sta nell'essere superiore alla persona
che eravamo fino a ieri.

Samuel Johnson

Mostrarsi semplici e sorridenti
è l'arte suprema del mondo.

Sergej Aleksandrovič Esenin

Siamo così abituati a travestirci
davanti agli altri
che alla fine ci travestiamo
davanti a noi stessi.

François de La Rochefoucauld

Quanto più savio
e possente è un maestro,
tanto più immediato
è il modo in cui crea
la sua opera,
e tanto più essa è semplice.

Eckhart von Hochheim

È meglio accendere una candela
che maledire l'oscurità.

Proverbio cinese

Una bugia fa in tempo a viaggiare
per mezzo mondo mentre la verità
si sta ancora mettendo le scarpe.

Mark Twain

La vera grandezza consiste
nell'essere grandi nelle piccole cose.

Samuel Johnson

La saggezza non è più saggezza
quando diviene troppo orgogliosa
per piangere, troppo grave per ridere,
e troppo piena di sé per cercare altro
che se stessa.

Khalil Gibran

Fai ogni giorno
qualcosa che non ti piace:
questa è la regola d'oro
per abituarti a fare
il tuo dovere senza fatica.

Mark Twain

Siamo più saggi
di quanto non sappiamo.

Ralph Waldo Emerson

Non basta sapere,
si deve anche applicare;
non è abbastanza volere,
si deve anche fare.

Johann Wolfgang Goethe

I cambiamenti non avvengono mai
senza inconvenienti,
perfino dal peggio al meglio.

Richard Hoocker

Il pensiero successivo
è immancabilmente più saggio.

Euripide

Una vera educazione
non può essere inculcata a forza
dal di fuori; essa deve invece aiutare
a trarre spontaneamente alla superficie
i tesori di saggezza nascosti sul fondo.

Rabindranath Tagore

Quelle cose per conoscere le quali
ci mettiamo in cammino
e attraversiamo il mare,
se sono poste sotto i nostri occhi
non ce ne curiamo.

Plinio il Giovane

Accusare gli altri delle proprie disgrazie
è conseguenza della nostra ignoranza;
accusare se stessi
significa cominciare a capire;
non accusare né sé, né gli altri,
questa è vera saggezza.

Epitteto

Se i savii talora non errassero,
i pazzi si dispererebbero.

Matteo Bandello

Chi conosce gli altri è sapiente;
chi conosce se stesso è illuminato;
chi vince un altro è potente;
solo chi vince se stesso è davvero forte.

Proverbio cinese

Perciò il saggio abbraccia l'Uno
ed è di esempio al mondo.
Non si mette in mostra,
e perciò risplende;
non si giustifica,
e perciò viene riconosciuto;
non si vanta, e perciò emerge;
non si identifica con le sue opere,
e perciò dura.
È perché non compete,
che nessuno può competere con lui.
È verso colui che è integro
che ogni cosa fluisce spontaneamente.

Lao Tse

Chi vive sperando,
muore digiuno.

Benjamin Franklin

Il saggio che ha realizzato la Dottrina,
che ha ben compreso la Dottrina,
libero dal desiderio, diviene calmo
a somiglianza di un lago
dopo cessato il vento.

Itivuttaka

Meglio è una piccola verità,
che una grande bugia.

Galileo Galilei

Il saggio non si preoccupa del passato
perché non si può cambiare,
non si preoccupa per il futuro
perché deve ancora venire.

Massima zen

Ciò che vuoi che un altro taccia,
tacilo tu per primo.

Seneca

Non si è mai fatto nulla di grande
senza entusiasmo.

Ralph Waldo Emerson

Chi cambia il proprio pensiero per accordarlo
ai fatti è un uomo saggio e onesto.
Il disonesto è invece chi cambia i fatti
per accordarli al proprio pensiero.

Proverbio arabo

L'ostinazione
è l'energia della stupidità.

Fliegende Blätter

Tutte le buone massime
sono presenti nel mondo;
non si è in difetto
che nell'applicarle.

Blaise Pascal

Basta un giorno
per distruggere un regno
costruito in cento anni.

Proverbio cinese

Nessuno può esser certo
che starà sempre
nello stesso luogo;
soltanto le montagne
non si muovono da dove stanno.

Proverbio africano

I costruttori di canali
portano acqua dove vogliono.
Il fabbro, col ferro,
forgia la punta della freccia.
Il falegname costruisce l'arco.
Il saggio costruisce se stesso.

Dhammapada

L'abitudine è una seconda natura
che ci impedisce di conoscere la prima
di cui non ha né le crudezze, né gli incanti.

Marcel Proust

Si capisce la vita
guardando indietro,
anche se bisogna viverla
guardando avanti.

Søren Abye Kierkegaard

Si può diventare
soltanto in quanto si è già.

Novalis

Per acquistare un'ottima reputazione
devi sforzarti di essere
come desideri apparire.

Socrate

Flettiti e resterai integro,
piegati e ti raddrizzerai,
svuotati e sarai colmato,
consumati e ti rinnoverai,
abbi poco e riceverai molto,
abbi molto e sarai confuso.

Lao Tse

Si ricorda col cuore,
si rammenta con l'intelletto,
si rimembra con il corpo.

Anonimo

Domandate il parere ai due tempi:
all'antico, su ciò che è meglio;
al recente, su ciò che è più adatto.

Francesco Bacone

E del resto,
nemmeno è utile
sapere ciò che accadrà:
gran miseria angustiarsi
per ciò cui non puoi
porre rimedio.

Cicerone

Trascorri la notte come notte,
e il giorno come giorno;
vivrai contento!

Proverbio dell'America Latina

Esiste un solo vero lusso,
ed è quello dei rapporti umani.

Antoine de Saint-Exupéry

Lo sa quanto male ci facciamo
per questo maledetto
bisogno di parlare!

Luigi Pirandello

La vita intera
è una contraddizione digeribile.

Christian Friedrich Hebbel

Un beneficio rinfacciato
vale quanto un'offesa.

Proverbio arabo

Il cane ha quattro zampe,
ma non può andare su due strade.

Proverbio africano

Ognuno deve conoscere
la propria misura.

Giovenale

Ricordatevi che le mura delle città
si fanno con le macerie
delle case di campagna.

Jean-Jacques Rousseau

Ciò che per il bruco è la fine del mondo,
in realtà è una bellissima farfalla.

Lao Tse

Ecco il mio segreto.
È molto semplice: non si vede bene
che con il cuore.
L'essenziale è invisibile agli occhi.

Antoine de Saint-Exupéry

C'è una misura nelle cose;
vi sono precisi confini,
oltre i quali,
e prima dei quali,
non può sussistere il giusto.

Orazio

Tutto ciò che siamo
è il risultato
di ciò che abbiamo pensato.

Buddha

Non fare sfoggio della tua saggezza
davanti al re.

Siracide

Lo stolto non vede lo stesso albero
che vede il saggio.

William Blake

L'avere vinto se stesso
è molto più glorioso
che l'aver vinto un nemico.

Valerio Massimo

Plasmiamo la creta
per fare un recipiente:
ma è la cavità interna
che rende utile il recipiente.
Apriamo porte e finestre
nelle pareti di una casa:
sono queste aperture
che rendono utile la casa.
Perciò il pieno è utile,
ma l'utilità essenziale
appartiene al vuoto.

Lao Tse

Sono più le cose
che ci spaventano
di quelle che fanno
effettivamente male,
e siamo travagliati
più per le apparenze
che per i fatti reali.

Seneca

Aver sempre ragione,
farsi sempre strada,
calpestare tutto,
non aver mai dubbi:
non sono queste le grandi qualità
per mezzo delle quali
la stoltezza governa il mondo?

William Makepeace Thackeray

Gli uomini sono tanto sciocchi
che, dando un nome nuovo a una cosa vecchia,
credono di aver pensato una cosa nuova.

Remy de Gourmont

Ci sono due errori che si possono fare
lungo la via verso la verità:
non andare fino in fondo,
e non iniziare.

Confucio

I giovani hanno la memoria corta,
e hanno occhi per guardare soltanto a levante;
e a ponente non ci guardano altro che i vecchi,
quelli che hanno visto tramontare
il sole tante volte.

Giovanni Verga

Non è grande uomo chi sa molto,
ma chi ha molto meditato.

Luigi Settembrini

Trovarsi di fronte a un pazzo
sapete che significa?
Trovarsi davanti a uno
che vi scrolla dalle fondamenta
tutto quanto avete costruito in voi,
attorno a voi,
la logica di tutte le vostre costruzioni.

Luigi Pirandello

Il paradiso dipende da noi.
Chiunque voglia, vive nell'Eden
nonostante Adamo e la cacciata.

Emily Dickinson

L'animo del saggio
nutrito nella verità è,
nelle tempeste del mondo,
un cielo sereno
che vede le nuvole sotto di sé.

Ugo Foscolo

Chiamare le cose con il loro nome
è l'inizio della saggezza.

Proverbio cinese

L'asino s'accorge d'aver perso la coda
solo quando ci sono le mosche.
Rifletti per tempo, e non lasciare
che siano gli eventi
a farti capire il tuo errore.

Proverbio arabo

Un uomo che anche una sola volta
in vita sua abbia riso di vero cuore
non può essere completamente
e irreparabilmente malvagio.

Thomas Carlyle

Il più disgraziato degli uomini
è quello che non sa
sopportare la disgrazia.

Biante

Chi vuol salire in alto,
deve vegliare parecchio la notte.
Chi desidera perle, deve immergersi
nel profondo del mare.

Le mille e una notte

Avete un giorno solo
da vivere sulla terra:
fate in modo di viverci
in tranquillità.

Fèlicité-Robert de Lamennais

Come una giornata bene spesa
dà lieto dormire,
così una vita bene usata
dà lieto morire.

Leonardo da Vinci

Tenersi in punta di piedi
non è crescere.

Lao Tse

Chi non studia per sette anni,
sarà ignorante per settanta.

Proverbio cinese

Esistono esseri che hanno sugli occhi
soltanto un po' di polvere:
essi comprenderanno la Verità.

Tradizione buddista

A una mente tranquilla
l'universo intero si arrende.

Chang Tzu

Esaminata prudentemente,
ma tranquillamente
e largamente una cosa,
prendere la soluzione
che sembra migliore;
e non esitar più,
non tornar a scrutarla.
Meglio sbagliare,
che consumar la mente
in dubbi.

Raffaello Lambruschini

Il saggio messo a confronto
con le necessità della vita
sa piuttosto dare che ricevere,
perché dispone
di un simile tesoro
nell'indipendenza dei bisogni.

Epicuro

Il cuore ha le sue ragioni
che la ragione non conosce.

Blaise Pascal

Senza uscire di casa
puoi conoscere tutto il mondo.
Senza guardare fuori dalla finestra
puoi conoscere il Tao dei cieli.
Più lontano vai, meno conosci.
Perciò il saggio conosce senza viaggiare,
comprende senza vedere,
compie senza agire.

Lao Tse

Una brava persona si vergogna
anche davanti a un cane.

Anton Pavlovič Čechov

Il caso, vedete,
favorisce solo gli uomini forti,
ed è ciò che fa indignare gli sciocchi.

Émile Gaboriau

La saggezza è per l'anima
quello che la salute è per il corpo.

François de La Rochefoucauld

Viviamo, di solito, con il nostro essere
ridotto al minimo;
la maggior parte delle nostre facoltà
resta addormentata,
riposando sull'abitudine,
che sa quel che c'è da fare
e non ha bisogno di loro.

Marcel Proust

Val sempre la pena
di fare una domanda,
ma non sempre
di darle una risposta.

Oscar Wilde

Chi vede il giusto e non lo fa,
è senza coraggio.

Confucio

Bisogna vivere con semplicità
e pensare con grandezza.

William Wordsworth

La barba non fa il filosofo.

Massima latina

Tre cose rivelano
la vera natura dell'uomo:
l'ira, il vino e il denaro.

Proverbio cinese

Ci sono solo tre eventi
nell'esistenza di un uomo:
la nascita, la vita e la morte;
e l'uomo che non sa di nascere,
muore soffrendo,
e si dimentica di vivere.

Jean de La Bruyère

Se la discussione con il tuo avversario
va per le lunghe,
significa che tutti e due
avete ragione o avete torto.

Massima zen

Lo sciocco non perdona e non dimentica.
L'ingenuo perdona e dimentica.
Il saggio perdona ma non dimentica.

Proverbio cinese

L'esperienza è una cosa
che non puoi avere gratis.

Oscar Wilde

Sotto il sole del deserto
il cammelliere fa i suoi progetti,
ma li fa anche il cammello.

Proverbio arabo

Se vuoi assaporare la tua virtù,
pecca qualche volta.

Ugo Ojetti

Sarebbe meglio che il cattivo
fosse pigro e lo sciocco silenzioso.

Nicholas de Chamfort

Il saggio muta consiglio,
ma lo stolto resta della sua opinione.

Francesco Petrarca

Spesso la saggezza è più vicina
quando ci chiniamo
che quando c'innalziamo in volo.

William Wordsworth

Se Laura fosse stata la moglie del Petrarca,
pensate che lui avrebbe scritto sonetti
per tutta la vita?

George Gordon Byron

I mali che fuggi sono in te.

Seneca

Un uomo che non sa essere un clown,
non solo non è un artista,
ma non capisce nulla della vita.

Egon Friedell

Le menti più semplici si convincono
più con gli esempi
che con i ragionamenti astratti.

Macrobio

Anche un nano,
salendo di gradino in gradino
una scala alta abbastanza,
può giungere più in alto
di un gigante.

Proverbio cinese

Uno dei grandi privilegi
della saggezza
è quello di non scomporsi mai.

Baltasar Gracián y Morales

Quando una battaglia è persa,
solo quelli che sono fuggiti
potranno combatterne un'altra.

Demostene

Se fosse vero che i viaggi
educano la mente,
i controllori dei treni
sarebbero gli uomini
più saggi di questo mondo.

Santiago Rusiñol

Tutto è difficile,
prima di divenire facile.

Proverbio persiano

Si versano più lacrime
per le preghiere esaudite
che per quelle non accolte.

Teresa d'Avila

I vecchi amano dare buoni consigli
per consolarsi di non poter più dare
cattivi esempi.

François de la Rochefoucauld

Ognuno è come il cielo l'ha fatto,
e qualche volta molto peggio.

Miguel de Cervantes

Il saggio è quadrato senz'angoli,
angolo senza punta,
dritto ma flessibile,
splendente senza abbagliare.

Lao Tse

Un punto importante dell'umana saggezza
sta nella giusta proporzione
in cui dedichiamo la nostra attenzione,
parte al presente, parte al futuro,
affinché l'uno non ci guasti l'altro.
Molti vivono troppo nel presente:
sono le persone leggere.
Altri vivono troppo nell'avvenire:
sono i pavidi e gli ansiosi.
Raramente uno saprà tenere
il giusto mezzo.

Arthur Schopenhauer

Se la casa del tuo vicino è in fiamme,
la cosa riguarda anche te

Orazio

Esiste un'isola di opportunità
all'interno di ogni difficoltà.

Demostene

Lasciate che altri contino le foglie e i rami
del mango, voi mangiatene il frutto.

Vivekanada

Colpisci prima te stesso,
per capire il dolore
che stai per dare.

Proverbio cinese

Le persone viaggiano
per stupirsi delle montagne,
dei mari, dei fiumi, delle stelle
e passano accanto a loro stesse
senza meravigliarsi.

Agostino di Ippona

Anche un asino può recarsi alla Mecca,
ma non per questo è un pellegrino.
Uno stolto può dire una verità,
ma non per questo è un saggio.

Proverbio arabo

A volte per essere perfetti,
ci mancano solo dei difetti.

Anonimo

Ciò che è stato sempre accettato
da chiunque, e dovunque,
è quasi certamente falso.

Paul Valéry

Le parole dello stolto
sono la verga del suo orgoglio,
la difesa del saggio
sono le sue labbra.

Salomone

Unicamente assolvendo agli obblighi
che egli stesso si impone, l'uomo
può dimostrare quello che ha dentro di sé.
Chiunque può vivere
secondo la sua volontà.

Cartesio

Lascia dormire il futuro come si merita.
Se lo si sveglia prima del tempo
si ottiene un presente assonnato.

Franz Kafka

Come si riuscirà a dimostrare
che in uno stato immorale
per i suoi obblighi sia essenziale
che gli individui siano morali?
Dico di più: è bene che non lo siano.

Donatien-Alphonse-François de Sade

Uomo che ami parlare molto: ascolta
e diventerai simile al saggio.
L'inizio della saggezza è il silenzio.

Pitagora

L'uomo prolisso
è raramente saggio.

Baltasar Gracián y Morales

Un uomo saggio crea più occasioni
di quante ne trova.

Francesco Bacone

La saggezza richiede previdenza.

Napoleone

Guarda due volte per vedere il giusto,
guarda una volta per vedere il bello.

Henri-Frédéric Amiel

Tu vorresti insegnarmi
come conservare i miei beni
e la mia condizione; ma io desidererei
piuttosto imparare
come potrei perderli
ed essere ugualmente felice.

Seneca

Sono arrivato in cima alla montagna
più alta, dove nessuno è mai arrivato.
Nessuno la sa. Ma io lo so.

Massima zen

Una parte di te stesso
è sempre in pena per te.
Ma un'altra parte di te stesso
cresce nel dolore;
tutto dunque va bene.

Khalil Gibran

C'è una meta, ma non una via;
ciò che chiamiamo via
è un indugiare.

Franz Kafka

L'educazione è la nemica della saggezza,
perché l'educazione rende necessarie
tante cose di cui, per essere saggi,
si dovrebbe fare a meno.

Luigi Pirandello

Impara a essere ciò che sei.

Pindaro

A questo modo non si sta mai bene.
Dicono che da ciò viene il progresso.

Italo Svevo

Un pazzo si riconosce da sei cose:
collera senza motivo,
discorsi senza senso;
cambiamenti senza progresso;
domande senza oggetto;
fiducia a sconosciuti;
confondere nemici con amici.

Proverbio arabo

Ah, signori miei, tant'è:
forse l'unica ragione
per cui io mi considero
un uomo intelligente
è appunto il fatto
che in tutta la vita
non sono mai riuscito
a cominciare né a finire nulla.

Fëdor Michajlovič Dostoevskij

Il saggio
accumula saggezza
goccia a goccia.

Buddha

Se esiste un limite alla saggezza,
non vi è limite alla stoltezza.

Anonimo

È una previdenza necessaria
capire che non si può prevedere tutto.

Jean-Jacques Rousseau

La prima delle cose necessarie
è di non spendere quello che non si ha.

Massimo d'Azeglio

Ricorda sempre il beneficio ricevuto;
dimentica sempre il torto subìto.

Massima zen

Coloro che esigono il possibile
non ottengono mai niente.
Ma coloro che esigono l'impossibile
almeno ottengono il possibile.

Michail Aleksandrovič Bakunin

Chi voglia varcare
senza inconvenienti
una porta aperta
deve tener presente
che gli stipiti sono duri.

Robert Musil

Non v'è nemico peggiore
del cattivo consiglio.

Sofocle

Pensa quanto è saggio
il piccolo topolino:
non affida mai la sua vita
a un solo buco.

Plauto

Se l'altro ride di te, puoi averne pietà;
ma se sei tu a ridere di lui,
non ti potrai mai perdonare.
Se l'altro ti offende,
puoi dimenticarne l'ingiuria;
ma se tu lo offendi, te ne ricorderai sempre.
In verità l'altro è il tuo io più sensibile,
solo vestito di un altro corpo.

Khalil Gibran

La morte raggiunge
anche l'uomo che fugge.

Orazio

È facile criticare giustamente;
e difficile eseguire
anche mediocremente.

Denis Diderot

La saggezza nelle faccende della vita
non consiste, mi sembra, nel sapere che cosa
bisogna fare, ma piuttosto nel sapere cosa
bisogna fare prima e che cosa dopo.

Lev Nikolaevič Tolstoj

I giovani non sono sospettosi,
perché di male non ne hanno
ancora visto molto.
Sono fiduciosi, perché non hanno avuto
ancora il tempo di essere ingannati.

Aristotele

Un gigante fra giganti
è come un nano tra nani:
se rimani fra gli stolti
come puoi capire
se agisci da saggio?

Massima zen

La leggerezza è un salvagente
nella corrente della vita.

Karl Ludwig Börne

È un giusto giudizio dei saggi
che gli uomini di tutti i tempi
abbiano creduto che cosa sia bene
e che cosa male, che cosa degno di lode
e che cosa di biasimo.
Ma è un pregiudizio dei saggi
che noi adesso lo sappiamo meglio
di qualsiasi altro tempo.

Friedrich Wilhelm Nietzsche

Dove non arriva la pelle del leone
occorre cucirvi sopra
quella della volpe.

Lisandro

La ragione per cui
gli angeli sanno volare
è che si prendono
con tanta leggerezza.

Gilbert Keith Chesterton

Dei nostri affanni tristi possiamo
ora parlare, ricordandoli.
Perché anche dei mali,
passato il tempo,
può ormai parlare serenamente
chi molto ha dovuto soffrire
e molto vagare.

Omero

Solo i saggi
possegono delle idee;
la maggior parte dell'umanità
ne è posseduta.

Samuel Taylor Coleridge

Un uomo percorre il mondo intero
in cerca di ciò che gli serve
e torna a casa per trovarlo.

George Augustus Moore

La parola saggia è quella che,
detta a un bambino,
viene compresa
senza bisogno di spiegazioni.

Miguel de Unamuno

Chi si accinge a fare qualcosa
senza aver prima misurato
la propria forza
e quella altrui,
desidera per stupidità
la propria sconfitta.

Panchatantra

Il maestro può aprire la porta,
ma sei tu che devi entrare.

Massima zen

Gli esami sono una prova temibile
anche per i meglio preparati,
perché l'uomo più sciocco
può sempre fare una domanda
a cui l'uomo più saggio
non sa dare risposta.

Charles Caleb Colton

Niente è duraturo
come il mutamento.

Karl Ludwig Börne

Il discepolo chiese al maestro:
«In che cosa consiste la conoscenza?»
Il maestro rispose:
«Consiste nell'essere consapevoli
di sapere una cosa.
Ma consiste anche nell'essere
consapevoli di non saperla.
Questa è la conoscenza».

Confucio

Comandare a se stessi
è la forma più alta di comando.

Seneca

Non si diventa grandi uomini
se non si ha il coraggio d'ignorare
un'infinità di cose inutili.

Carlo Dossi

Fermati! Fermati!
Non parlare.
La verità ultima
non bisogna neppure pensarla.

Massima zen

Tre sono le vie
che conducono alla saggezza:
consapevolezza, consapevolezza
e consapevolezza.

Buddha

Chi non sa, e non sa di non sapere
è uno sciocco. Evitalo.
Chi non sa, ma sa di non sapere
è un fanciullo. Istruiscilo.
Chi sa, ma non sa di sapere
è addormentato. Sveglialo.
Colui che sa, e sa di sapere
è un saggio. Seguilo.

Proverbio arabo

Tutte le cose erano insieme.
Poi arrivò la mente che le divise
e le dispose in ordine.

Anassagora

Chi confessa la propria ignoranza
la mostra una volta,
chi non la confessa, infinite.

Proverbio cinese

Se un uomo vuole sempre
occuparsi di cose serie
e non abbandonarsi di tanto
in tanto allo scherzo,
senza accorgersene,
diventa pazzo o idiota.

Erodoto

La medicina è in te, e non la usi,
la malattia viene da te stesso
e non te ne accorgi.

Hazrat Alì

Solo una mossa imprevista
disorienta l'avversario.

Vladimir Vladimirovič Majakovskij

Il giorno seguente
è lo scolaro del precedente.

Publilio Siro

Vince solo
chi non riesce mai.

Fernando Pessoa

La più grande cosa del mondo
è saper appartenere a se stessi.

Michel de Montaigne

Il piccolo tarlo
può far cadere
un grande albero.

Proverbio maori

Per coloro che non sono capaci di credere,
ci sono i riti;
per coloro che non sono capaci
di ispirare rispetto da sé,
c'è l'etichetta;
per coloro che non sanno vestirsi,
c'è la moda;
per coloro che non sanno creare,
ci sono le convenzioni e i cliché.
Ecco perché i burocrati
amano i cerimoniali, i preti i riti,
i piccoli borghesi le convenienze sociali,
i bellimbusti la moda
e gli attori le convenzioni teatrali,
gli stereotipi e un intero rituale
di azioni sceniche.

Konstantin Sergeevič Stanislavskij

La Grande Via è calma e aperta,
nulla è facile, nulla è difficile.

Shinjinmei

La vera pace sorgerà spontaneamente
quando la tua mente sarà libera
da ogni attaccamento.
Quando sarai consapevole
che gli oggetti del mondo
non possono darti
ciò che vuoi veramente.

Theragatha

Non crediate che colui che tenta di confortarvi,
viva senza fatica in mezzo
alle parole semplici e calme,
che qualche volta vi fanno bene.
La sua vita reca molta fatica e tristezza
e resta lontana dietro a loro.
Ma fosse altrimenti,
egli non avrebbe potuto
trovare quelle parole.

Rainer Maria Rilke

V'è in alcuni uomini
una certa mediocrità di spirito
che contribuisce a renderli saggi.

Jean de La Bruyère

Date l'impudenza e la stupida arroganza
della maggior parte degli uomini,
chiunque possiede dei meriti
farà bene a metterli in mostra
se non vorrà lasciar che cadano
in un oblio completo.

Arthur Schopenhauer

Il continuo agitarsi
in una vita tumultuosa
non è sana operosità,
ma irrequietezza.

Seneca

Una cosa è certa, ed è il fatto
che non possiamo dare niente per certo;
proprio per questo motivo
non è certo che non possiamo
dare niente per certo.

Samuel Butler

Tra vent'anni non sarete delusi
delle cose che avete fatto,
ma da quelle che non avete fatto.
Allora levate l'ancora, abbandonate
i porti sicuri, catturate il vento
nelle vostre vele.
Esplorate. Sognate. Scoprite.

Mark Twain

A molti la sorte dà troppo,
ma a nessuno dà abbastanza.

Marziale

Non amare né odiare la vita;
ma quella che vivi,
vivila bene.

John Milton

Lo sciocco ha mille certezze,
il saggio non ne ha alcuna.

Proverbio cinese

I grandi casi della vita sono ciò che appaiono;
per questo motivo
sono di difficile interpretazione.
Ma i piccoli casi della vita sono simboli,
e grazie a loro impariamo più facilmente
le nostre amare lezioni.

Oscar Wilde

Solo il saggio è libero,
perché è padrone
di se stesso.

Orazio

Il saggio sa che si comprende
sia con la testa che con il cuore.
Chi giudica solo con il cuore,
vede solo la metà delle cose.
Ma anche chi pretende di capire
solo con la testa.

Anonimo

Quando discuti con un avversario,
prova a metterti nei suoi panni.
Ho seguito per qualche tempo
questo consiglio dei saggi.
Ma i panni dei miei avversari
erano così sudici che ho concluso:
è meglio essere ingiusto qualche volta
che provare di nuovo
questo schifo che fa svenire.

Antonio Gramsci

Se vuoi spostare le montagne
comincia portando via
i sassi più piccoli.

Massima zen

La felicità è alla portata di tutti:
basta fermarsi e coglierla.

Seneca

Il profumo dei fiori
non va contro il vento,
non quello del sandalo,
del tagara o del gelsomino;
il profumo dei buoni va contro il vento:
un uomo retto
pervade tutte le regioni.

Dhammapada

Le idee fisse sono come, per esempio,
i crampi ai piedi: il rimedio migliore
è camminarci sopra.

Søren Abye Kierkegaard

Tutte le cose sono belle
e lo diventano ancora di più
quando non abbiamo paura
di conoscerle e provarle.
L'esperienza è la vita con le ali.

Khalil Gibran

Il valore della vita sta
non nella lunghezza dei giorni,
ma nell'uso che ne facciamo;
uno può aver vissuto a lungo,
e tuttavia pochissimo.

Michel de Montaigne

Non si può andar via da se stessi
solo spostandosi da un posto all'altro.
Tutti i rumori che ci circondano
fanno molto meno strepito di noi stessi.
Il vero rumore è l'eco che le cose hanno in noi.
La vita è ciò che facciamo di essa.
I viaggi sono i viaggiatori.
Ciò che vediamo non è ciò che vediamo,
ma ciò che siamo.

Fernando Pessoa

Il saggio guarda il passato
per capire il presente.

Confucio

Se si elimina l'impossibile dall'improbabile,
non resta altro che la verità.

Arthur Conan Doyle

Il ricordo della felicità
non è più felicità,
il ricordo del dolore
è ancora dolore.

George Gordon Byron

Ci sono tre verità:
la mia verità, la tua verità,
e la verità.

Proverbio cinese

Non è importante
il posto che noi occupiamo,
quanto la direzione
verso cui stiamo andando.

Lev Nikolaevič Tolstoj

La vita è, semplicemente.
Segui il suo flusso.
Vivi per attimo.
Lascia che accada.

Charles William Brown

È nella natura umana
pensare da saggi
e agire da stupidi.

Anatole France

Il saggio è consapevole
di quello che conosce
e riconosce le proprie mancanze:
questa è la sapienza.

Confucio

La fortuna è come il vetro;
così come può splendere,
così può infrangersi.

Publilio Siro

Se trovi un uomo di valore,
dì «Voglio imitarlo».
Se trovi un uomo di nessun valore,
guarda dentro di te e chiediti
«In che cosa sono diverso da lui?»

Confucio

Gli esseri umani,
non potendo sfuggire alla morte,
alla miseria e all'ignoranza,
hanno deciso di non pensarci
per rendersi felici.

Blaise Pascal

La pratica è il miglior maestro

Masima latina

L'uomo che non fa niente,
impara a fare il male.

Catone

Lo sciocco teme la morte
non per paura del suo arrivo,
ma per il tormento
continuo della sua attesa.

Epicuro

Chi non sa godersi le fortune che ha,
non deve lamentarsi
quando non le ha più.

Miguel De Cervantes

Onestà, sincerità e lealtà
devono venire prima di ogni cosa:
non ti vergognare di dichiarare,
riconoscere e correggere i tuoi errori.

Confucio

Puoi portare un cammello alla fonte
ma non puoi costringerlo a bere.
Puoi spiegare a un uomo la verità,
ma non costringerlo a crederci.

Proverbio arabo

Se vuoi davvero conoscere una persona,
non guardare solo chi gli è amico,
ma anche chi gli è nemico.

Joseph Conrad

La gioia maggiore non è sapere,
ma imparare;
non il possesso
ma l'atto di arrivarci.

Carl Friedrich Gauss

Se la tua predisposizione naturale
annienta ciò che studi,
rimarrai ignorante
e la tua conoscenza sarà niente.
Se ciò che studi
soffoca la tua predisposizione naturale,
diverrai pedante e la tua conoscenza
sarà tanta ma vuota.
Se ciò che studi e ciò che senti
come tua predisposizione naturale
hanno la stessa importanza,
allora sarai saggio.

Confucio

Le difficoltà aumentano
via via che ci si avvicina alla meta.
Raccogliere è più difficile
che seminare.

Johann Wolfgang Goethe

Il giudizio è la facoltà che otteniamo
e perdiamo più presto.
I bambini non la hanno ancora,
i vecchi non la hanno più.

Alfred de Vigny

Chi non cambia,
o è il più saggio dei saggi
o il più ignorante degli ignoranti.

Confucio

Non credere alle cose solo per sentito dire.
Non credere nella tradizione
solo perché si tramanda da generazioni.
Non credere che ciò che proviene
dalla tua immaginazione sia la rivelazione
di un essere superiore.
Non credere a ciò che dicono i maestri,
solo perché credi alla loro autorevolezza.
Credi invece a ciò che tu stesso provi,
sperimenti e riconosci come vero
e modella la tua condotta su questo.

Buddha

È meglio essere senza fortuna e saggi
che fortunati e stolti.
È meglio che un bel progetto
non vada in porto piuttosto
che abbia successo
un progetto dissennato.

Epicuro

Filosofia, dammi se non il sorriso,
l'indifferenza almeno del saggio.
Menti, ma consolami.

Carlo Dossi

Chi corre sempre,
saprà sempre meno cose
di colui che resta calmo e riflette.

Proverbio arabo

Nel freddo dell'inverno si riconoscono
il pino e il cipresso; nella tempesta
delle difficoltà si riconoscono il saggio
e il virtuoso.

Confucio

Se tieni in mano la brace ardente
aspettando di tirarla a qualcuno, ti brucerai.
Se tieni dentro di te rabbia e rancore
aspettando di indirizzarle verso qualcuno,
farai male solo a te stesso.

Buddha

Parlare e insegnare spetta al maestro,
così come tacere e ascoltare spetta al discepolo.

Benedetto da Norcia

L'unica realtà
è ciò che è non è più:
tutto ciò che è, è stato.

Anatole France

Due sono gli errori nel cammino
verso la verità:
non partire e non arrivare.

Buddha

Solo il saggio possiede delle idee.
La maggior parte delle persone
è posseduta dalle idee.

Samuel Taylor Coleridge

Chi vede la saggezza negli altri,
ha raggiunto la propria saggezza.

Confucio

Un solo dialogo con un saggio
vale più di dieci anni di studio.

Proverbio cinese

I pazzi aprono le vie
che poi percorrono i savi.

Carlo Dossi

Il saggio conosce e comprende l'anima.
Indifferente al piacere e alla sofferenza,
egli è al di sopra delle sensazioni.
Indifferente al passato e all'avvenire,
egli è al di sopra del tempo.
Indifferente al pericolo,
egli è al di sopra della paura.
Il saggio sa che quello che è qui è anche là;
che quello che è stato, anche sarà.
Egli vede l'unità, non la divisione.

Upanishad

Il fato guida chi vuole lasciarsi guidare
e trascina chi non vuole.

Seneca

Far bene e non rendersene conto
è sbagliare.
Sbagliare e rendersene conto
è sbagliare a metà.
Sbagliare e rimediare
è imparare.

Confucio

È molto meglio sapere
qualcosa di tutto,
che tutto di una cosa.

Blaise Pascal

Raramente sono date agli uomini
fortuna e buon senso
allo stesso tempo.

Tito Livio

Il vero maestro
non è chi è seguito da molti discepoli,
ma chi crea altri maestri.

Confucio

Il saggio guarda a un avvenire incerto
senza timori e senza aspettative.

Anatole France

Il giovane cammina più veloce dell'anziano,
ma è l'anziano che conosce la strada.

Proverbio arabo

Afferra il concetto,
le parole seguiranno da sole.

Catone

Indice